VICTOR LANGLOIS

HÉRAT

DOST-MOHAMMED.

ET LES

INFLUENCES POLITIQUES DE LA RUSSIE ET DE L'ANGLETERRE

DANS L'ASIE CENTRALE

PRIX : 1 FR. 25 C.

PARIS

E. DENTU
Libraire-Éditeur
GALERIE D'ORLÉANS, 17 ET 19
(Palais-Royal.)

AU BUREAU
DE LA REVUE DU MONDE
Colonial, Asiatique et Américain
3, RUE CHRISTINE, 3

1864

HÉRAT

DOST-MOHAMMED

Paris. — Typographie Walder, rue Bonaparte, 44.

HÉRAT

DOST-MOHAMMED

ET LES

INFLUENCES POLITIQUES DE LA RUSSIE ET DE L'ANGLETERRE

DANS L'ASIE CENTRALE

PAR

VICTOR LANGLOIS

PRIX : 1 FR. 25 C.

PARIS

E. DENTU
Libraire-Éditeur
GALERIE D'ORLÉANS, 17 ET 19
(Palais-Royal.)

AU BUREAU
DE LA REVUE DU MONDE
Colonial, Asiatique et Américain
3, RUE CHRISTINE, 3

1864

HÉRAT, DOST-MOHAMMED

ET LES

INFLUENCES POLITIQUES DE LA RUSSIE ET DE L'ANGLETERRE
DANS L'ASIE CENTRALE (1).

Au fond du continent asiatique, à l'endroit même où les derniers embranchements de l'Himalaya viennent mourir dans les plaines de l'ancienne Bactriane, s'étend une région fertile qui a été de tout temps convoitée par les plus illustres conquérans, depuis Alexandre jusqu'à Nadir-Chah. Connue des anciens sous le nom d'Aria, qui s'est transformé en celui de Hérat, cette province paya cher l'antique prestige attaché à son nom, et les aventureux despotes du moyen-âge oriental, Djendjis-Khan et Timour-Leng, y portèrent plus d'une fois la mort et la dévastation. Aujourd'hui encore des luttes sanglantes la désolent, et mériteraient que l'attention de l'Europe, si occupée ailleurs, se portât un moment sur ces pays reculés où s'agitent tant de passions rivales ; mais avant

(1) I. Nicolas de Khanikof, *Mémoire sur la partie méridionale de l'Asie centrale*, Paris 1862.—II. H. W. Bellew, *Journal of a political mission to Afghanistan in 1857*, Londres 1862.

d'arriver aux derniers événements, cherchons à en bien préciser le théâtre.

Traversée dans toute sa longueur par le Hériroud, qui prend sa source dans les hautes montagnes du nord-ouest de Kaboul, la province de Hérat peut être facilement arrosée. Aussi, dès les temps les plus reculés, on voit établi dans ce pays un réseau de canaux qui vont porter la fertilité sur tous les points de cette vaste plaine. Aujourd'hui des courants d'eau bienfaisante s'écoulent en silence entre les ruines de villages naguère encore prospères et populeux. Hérat même n'offre plus que l'aspect d'une ville désolée. La grandiose mosquée de Mousallah, flanquée de quatre minarets élégants, mais à demi écroulés, s'élève sur un terrain inculte, et les belles avenues de platanes qui y conduisaient jadis sont à jamais détruites. Le Ghazirgah, vaste cimetière décoré de magnifiques monuments funéraires, et qui était entouré de jardins spacieux, se détache agréablement sur le fond pierreux et inculte des montagnes rocheuses qui bordent à l'est la vallée de Hérat. C'est maintenant l'unique lieu de refuge qui s'offre aux citadins contre les chaleurs de la canicule; c'est dans cette fraîche oasis qu'ils viennent respirer ensemble l'air pur et parler des temps heureux où tout l'espace qui séparait la ville du champ des morts était rempli de riches vergers, de palais somptueux et de villages florissants. L'anglais Christie, en 1807, a encore vu Hérat dans toute sa splendeur, et Conolly, qui visita cette ville un quart de siècle après lui, dit qu'en dehors des murailles de cette antique cité, le paysage est d'une incomparable beauté.

Hérat est situé à quatre milles de distance d'une chaîne de montagnes au nord, et à douze milles de celle qui limite la plaine au sud. Tout l'espace compris entre ces montagnes présente une série de beaux villages fortifiés, de jardins, de vignobles, de champs de blé, que fertilisent les eaux limpides des canaux coupant la plaine dans toutes les directions. Les jardins de Hérat produisent des fruits délicieux en abondance. Le Baghi-Chah (jardin du roi) était jadis une des merveilles de la ville, mais maintenant les parterres sont négligés, les palais tombent en ruine, et la belle avenue de pins qui faisait l'admiration des voyageurs a complétement disparu. Hérat, qui avant 1838 renfermait dans son enceinte près de quatre-vingt mille habitants, n'en compte aujourd'hui que six ou sept mille. Les murs de la cité forment un périmètre carré de 1 kilomètre de côté; ils sont orientés presque exactement d'après les points cardinaux, en sorte que Hérat n'est, à proprement parler, qu'une redoute très-difficile à défendre, dominée par une élévation à cime spacieuse qui, recevant une batterie formidable permettrait de réduire promptement la ville. Une grande rue traverse Hérat, et cette voie n'est interrompue que par une place qui se trouve devant le château. C'est dans cette rue qu'est concentrée actuellement toute l'activité de la ville; partout ailleurs, Hérat n'offre que des décombres et des ruines.

Les chaleurs de l'été, qui à une centaine de lieues à l'ouest de Hérat rendent les plaines du Khorassan arides comme un désert, sont tempérées dans cette ville par des courants d'air froid qui descendent des cimes neigeuses de l'Himalaya, de l'Hindoukouch et de leurs terrasses occidentales. Aussi, dès que l'on quitte les hautes montagnes du Gouristan, on arrive dans une sorte de Paradis Terrestre. Au nord-est de Hérat se trouve la province de Badghis, mentionnée déjà dans les livres de Zoroastre comme un endroit béni. Des forêts de châtaigniers et de noyers, de gras pâturages, des eaux d'une fraîcheur renommée, ont toujours attiré vers cette contrée favorisée par le climat, des tribus nomades qui s'y sont déve-loppées en peu de temps. Malheureusement tout à l'entour de cette province s'étendent de profonds déserts, d'immenses solitudes où la nature se plaît à donner le spectacle des plus étranges phénomènes : ici règne un vent pestilentiel qui tue l'homme, là s'élèvent des trombes de poussière, cause pro-bable des brouillards secs ; plus loin ce sont des pluies abondantes qui n'atteignent point le sol, se dissolvent en vapeur et cessent subitement avant que la terre même en ait été humectée.

La province de Hérat, si intéressante par ses beautés na-turelles, ne l'est pas moins comme point central et straté-gique entre la Perse et l'Inde. Aussi, depuis le commence-ment du siècle, et surtout dans le cours des vingt-cinq der-nières années, les luttes diplomatiques entre divers gouver-nements, notamment entre l'Angleterre et la Russie, au su-jet de Hérat, se sont-elles suivies de fort près. Une source perpétuelle de trouble pour les Hératiens est le voisinage d'une population guerrière, toujours attentive à ce qui peut affaiblir la Perse, toujours docile aussi aux excitations des puissances rivales qui s'en servent tour à tour comme d'un instrument. Cette population, divisée en plusieurs tribus et agitée elle-même par des luttes intestines, est celle des Afghans.

Si l'on veut porter le jour dans cette affaire de Hérat, qui touche par tant de côtés à la grande question orientale, il faut en quelque sorte mener de front l'histoire des Afghans et celle des Hératiens, sans perdre de vue l'action qu'exercent au milieu de ces événements confus les deux puissances européennes rivales en Asie. Tel serait le but d'une étude où, après avoir jeté un rapide regard sur le passé de cette province, on voudrait exposer brièvement les faits accomplis à la fin du siècle dernier et au commencement de celui-ci, en insistant plus particulièrement sur les complications qui ont immédiatement précédé la crise actuelle.

En l'année 1722, une formidable invasion des Afghans dans l'empire persan détermina la chute des princes séfévides, plus connus sous le nom de Sofis. L'infortuné chah Hussein, dernier représentant d'une race illustre qui, pendant plus de deux siècles, avait dominé sur les antiques possessions de l'Iran, remettait humblement sa couronne à Mahmoud Guildjéhi, chef d'une tribu barbare du même nom qui de Kandahar avait passé comme un torrent dévastateur sur l'empire de Perse. La domination des usurpateurs afghans fut de courte durée, et Nadir-Chah délivra bientôt sa patrie de l'oppression étrangère. Non content d'avoir chassé les envahisseurs, il alla même les punir de leur audace au milieu de leurs montagnes, et en 1737 Ahmed-Khan Suddozéhi, chef de la tribu des Abdali, entra au service de Nadir-Chah, qu'il accompagna dans ses différentes expéditions avec la majeure partie de son clan. A la mort de ce conquérant, assassiné en juin 1747 près de Koutchan, Ahmed-Khan comprit tout le parti qu'il pouvait tirer de l'état de trouble où ce crime venait de précipiter la Perse. Fort du nombre de ses adhérens, il n'éprouva aucune difficulté à établir sa puissance dans le Khorassan, à Yezd, à Kirman, dans le Séïstan, et enfin dans l'Afghanistan, sa pro-

pre patrie. En sa qualité de fondateur d'une dynastie nouvelle, l'ambitieux afghan changea son nom modeste en celui
de Douri-Dourâne (perle-du-siècle), et se fit couronner sous
ce titre à Kandahar. Sa tribu quitta aussi son nom d'Abdali
pour prendre celui de Dourâni. Il y a peu à dire d'ailleurs
de Douri-Dourâne et de son successeur immédiat, Timour-
Chah, qui après vingt ans de règne laissa la couronne de
l'Afghanistan à un prince plus entreprenant qu'habile, Chah-
Zéman. Celui-ci ne devait pas tarder à être précipité du
trône par son frère Chah-Mahmoud, qui avait trouvé un
complice sans scrupule dans Fathih-Khan, chef de la tribu
des Borikzéhi.

Fathih-Khan se distinguait au milieu des autres chefs
afghans par son ambition, ses talents d'intrigue, son courage
héroïque, et surtout par sa persévérance dans la poursuite
des plans qu'il se proposait de mener à bonne fin. Ce personnage est assurément une des figures les plus imposantes
de l'histoire contemporaine de l'Afghanistan ; aussi sa mémoire vit-elle dans les chansons populaires, et peut-être
sera-t-il un jour le héros d'une épopée afghane. Bien décidé
à venger la mort de son père, Païander-Khan, assassiné par
les ordres de Chah-Zéman, le chef des Borikzéhi n'avait pas
hésité à faire des ouvertures à Chah-Mahmoud, et à lui offrir
le soutien de sa tribu pour lui procurer le trône de Kaboul.
Mahmoud ne se décida toutefois à tenter l'aventure qu'après
que Fathih-Khan se fut engagé par un serment écrit sur un
feuillet du Koran à lui rester fidèle. Le chah n'eut point à se
repentir de s'être fié à sa loyauté. Bientôt, grâce à l'influence
du chef des Borikzéhi, d'autres tribus s'empressèrent de se
ranger sous les bannières de Mahmoud. Presque aussitôt

Kandahar et Kaboul tombèrent sans coup férir aux mains du prince afghan et de son ministre, et Chah-Zéman, à qui les vainqueurs crevèrent les yeux, fut jeté dans une prison de Kaboul, où il termina misérablement sa vie.

La province de Hérat se trouvait en ce moment sous les ordres du chahzadèh (fils de roi) Kéïssar, fils de Chah-Zéman; mais ce prince ne pouvait rester paisible possesseur d'un territoire convoité par Mahmoud. Dès que Fathih-Khan vit que la cause de Mahmoud triomphait, il s'empressa de faire des propositions à Firouz-Eddin, l'un des fils de Timour-Chah, qui était réfugié à la cour de Téhéran, et lui livra la ville, d'où le chahzadèh Kéïssar dut s'éloigner. Ce changement fut sanctionné par le nouveau roi de Kaboul, qui en même temps donna le gouvernement de Kandahar à son fils aîné Kamrâne. L'indolence de Mahmoud lui fit bientôt perdre les avantages que Fathih-Khan lui avait valus. Entouré de Persans, il protégea plus que ne l'exigeait la prudence la population chiite de sa capitale. Les sunnites, qui forment la majorité des habitants du pays et de la population urbaine, profitant de l'absence de Fathih-Khan, appelèrent à Kaboul Chah-Choudja, autre fils de Timour-Chah, qui se trouvait à Pichaour, et lui livrèrent et la ville et le roi. A la nouvelle de cette révolution, Fathih-Khan courut se réfugier auprès de Kamrâne, à Kandahar; mais déjà le contre-coup de la chute de Mahmoud se faisait sentir dans cette ville : Kamrâne et Fathih-Khan se retirèrent à Férah. C'est de Férah que l'énergique agitateur de l'Afghanistan fit offrir ses services au nouveau roi, qui ne les accepta point. Chah-Choudja envoya le chahzadèh Kéïssar à Kandahar, et confirma Firouz-Eddin dans le gouvernement de Hérat. Fathih-Khan, décidé à ne pas rester inactif, suggéra en 1805 à Kamrâne la pensée de reprendre Kandahar; mais cette tentative échoua. Battus par les troupes royales, le prétendant et son vizir se réfugièrent au château de Guirichk, propriété du chef des Borikzéhi. Fathih-Khan, dévoré par une insatiable activité et las d'un repos incompatible avec son ardente nature, offrit encore son épée à Chah-Choudja, qui, voulant s'assurer la tranquillité d'un homme aussi dangereux, accepta cette fois son concours.

Pendant ces guerres intestines et ces désordres sans cesse renaissants dans les provinces afghanes, les Persans songèrent à profiter de cet état précaire du pays et à tenter une expédition pour rentrer en possession des contrées orientales qui formaient l'ancien patrimoine de leur empire. Feth-Aly-Chah, qui représentait, à l'époque dont nous parlons, la dynastie des Khadjars, fondée en Perse par l'eunuque Agha-Mohammed-Khan, son oncle, était un prince ambitieux et sans cesse préoccupé du désir de rendre au trône de l'Iran la splendeur dont il était jadis entouré. Feth-Aly-Chah marcha d'abord sur Méched, la ville sainte des chiites, et, s'en étant emparé, il voulut faire aussi reconnaître son autorité à Hérat. Firouz-Eddin, prince d'un caractère paisible, dut prendre les armes pour se défendre contre les Persans. Ne pouvant pas compter sur l'attachement de la majorité de la population urbaine, chiite de religion à cette époque, Firouz-Eddin eut recours à un expédient. Il s'adressa à Soufi-Islam, santon sunnite établi à Kerroukh et qui jouissait d'une très-grande réputation de sainteté. Ce fanatique prêcha la guerre sainte contre les Persans, et vint à la tête de nombreux adhérents se mettre aux ordres de Firouz. L'armée du gouverneur de Hérat marcha à la rencontre des troupes du chah, commandées par Mohammed-Khan-Khadjar, gouverneur du Khorassan. La rencontre eut lieu à Chékiban, et malgré l'acharnement avec lequel les sunnites attaquèrent les Persans, le sort des armes ne leur fut pas favorable. Les Persans mirent en pleine déroute l'armée de Firouz-Eddin; Soufi-Islam périt dans l'action, et son corps fut brûlé par les vainqueurs, qui mirent le siége devant Hérat, où les Dourâni s'enfermèrent pour défendre la ville. Bien que protégé derrière des murailles et secondé par une garnison assez nombreuse, Firouz préféra acheter la paix. Il offrit 50,000 roupies au chef de l'armée persane, qui les accepta et rentra dans le Khorassan.

Le roi de Kaboul était trop occupé chez lui pour songer aux limites occidentales de son royaume. En 1808, il entreprit une expédition contre les émirs du Scinde, pour les contraindre à payer le tribut arriéré, et son royal prisonnier Mahmoud profita de cette absence pour s'échapper de Kaboul et rejoindre son fils à Férah. Fathih-Khan accompagnait Chah-Choudja dans son expédition aux Indes; mais son esprit d'intrigue ne pouvait s'accommoder du caractère doux et peu énergique de son nouveau souverain. Sous un futile prétexte, il quitta l'armée et alla insinuer au neveu de son maître, le chahzadèh Kéïssar, l'idée de se révolter contre Chah-Choudja. Chah-Choudja, rappelé de l'Inde par ces nouvelles désastreuses, rentra à la hâte dans ses États, défit l'armée rebelle, et vint recevoir à Pichaour la première ambassade anglaise, conduite par M. Elphinstone.

Il faut s'arrêter à ce point de l'histoire de l'Afghanistan

pour bien établir la valeur politique de ce pays et l'intérêt qu'il commençait à présenter aux puissances occidentales. L'alliance conclue par le général Bonaparte, alors premier consul, avec l'empereur Paul Ier, l'ordre d'aller envahir les Indes donné par le monarque russe aux cent vingt mille cosaques du Don, enfin et surtout la politique active de la France en Perse inspirèrent des craintes sérieuses à l'Angleterre au sujet de ses possessions de l'Asie méridionale. Le gouvernement de la métropole et même celui des Indes orientales n'avaient à cette époque aucune idée précise de la force et de l'importance politique de l'Afghanistan. Le retentissement des conquêtes qui signalèrent l'installation de la dynastie des Dourâni, le projet de Chah-Zéman d'envahir les Indes avec une armée nombreuse, toutes ces circonstances, jointes à l'activité d'une puissance européenne ennemie et très-entreprenante, décidèrent les Anglais à faire une démarche coûteuse, hérissée de difficultés, présentant même des dangers réels pour la sûreté des agents auxquels la mission fut confiée, mais propre aussi à leur fournir les renseignements qui leur manquaient. M. Elphinstone fut chargé de cette mission, et Chah-Choudja l'accueillit avec une faveur marquée. Malgré son court séjour sur la frontière méridionale de l'Afghanistan, M. Elphinstone en rapporta des notions très-détaillées et très-intéressantes; mais le résultat politique qu'il obtint était la persuasion que le pouvoir des Afghans n'était pas à craindre, et qu'il fallait se mettre en garde contre les attaques françaises plutôt en Perse que sur l'Indus. Aussi, en même temps que le diplomate anglais assurait le chef de l'Afghanistan de l'amitié sincère de l'Angleterre, sir Hartfort Jones concluait un traité avec Feth-Aly-Chah, par lequel les Anglais lui promettaient aide et assistance matérielle, moins la coopération d'une armée, pour affaiblir autant que possible les Afghans du côté de l'Occident.

Il serait hors de propos d'exposer en détail comment Fathih-Khan parvint à installer pour la troisième fois Mahmoud-Chah sur le trône de Kaboul; il suffira de dire que ce prince conserva Firouz comme gouverneur de Hérat et confia Kandahar à son propre fils Kamrâne. Malgré les attaques des Persans contre Hérat pendant le gouvernement de Firouz, la sage administration de ce prince permit à la province qui était placée sous son autorité de développer toutes ses ressources naturelles et d'atteindre un degré de prospérité dont elle n'avait pas joui depuis de longues années. En même temps, le trésor particulier du prince-gouverneur s'était accru considérablement et ne pouvait mánquer d'être convoité par Mahmoud-Chah et par son vizir Fathih-Khan.

Sous prétexte de défendre Hérat contre une nouvelle attaque des Persans, Fathih-Khan fut envoyé vers cette province avec une nombreuse armée. Firouz était bien loin de souhaiter l'arrivée de ce secours : il appréhendait la présence à Hérat d'un homme bien connu par l'audace de ses entreprises et la finesse avec laquelle il ourdissait des complots. Aussi dépêcha-t-il à sa rencontre un de ses fils, anquel il enjoignit d'observer de près la conduite et les actes de Fathih-Khan, pour être prévenu à temps, si ses appréhensions personnelles venaient à se réaliser. C'était là une faute grave que commettait le chef de Hérat, et dont Fathih-Khan se hâta de profiter. Pour un homme aussi versé dans tous les détours de la politique astucieuse de l'Orient, rien n'était plus facile que d'endormir la vigilance du jeûne fils de Firouz et de le tromper à toute occasion. Ayant reçu le prince avec tous les égards dus à son rang, il ne tarda point à lui faire des confidences; il était indigné, disait-il, de l'ingratitude de Mahmoud, qu'il avait placé trois fois sur le trône de l'Afghanistan; pleinement convaincu de la sagesse de Firouz, il ne demandait pas mieux que de proposer ses bons offices à ce dernier. Afin de ne laisser subsister aucun doute dans l'esprit du jeune prince, Kamrâne, mis au courant de cette trame par Fathih-Khan lui-même, feignit ouvertement de vouloir retenir de force ce dernier à son arrivée à Kandahar. La nouvelle de la prétendue rupture de Kamrâne et de Fathih-Khan précéda sa venue à Hérat; elle concordait à merveille avec les bonnes dispositions que Fathih-Khan témoignait à Firouz. Fathih-Khan établit ses tentes en dehors de la ville, et dès le premier jour de son installation devant Hérat, il mit en rapport les habitants de cette importante cité avec ses soldats. Chaque soir, c'étaient des festins offerts par les Afghans aux citadins et des repas rendus par les Hératiens aux soldats de Fathih-Khan. Enfin un jour il organisa un grand banquet auquel il convia, du consentement de Firouz-Eddin, tous les notables de Hérat. Au moment où ses hôtes se livraient aux joies du festin et où les chants d'allégresse retentissaient dans le camp, Fathih-Khan fit tout à coup remarquer que, pour la première fois depuis son arrivée devant Hérat, il avait oublié d'aller saluer le gouverneur comme il le faisait chaque jour. Sous prétexte de réparer ce manque de civilité, il partit à la hâte avec son frère Dost-Mohammed et une suite très-peu nombreuse, mais qui s'accrut en route sans inspirer de soupçons, et se dirigea vers le palais du gouverneur. Fathih-Khan se présenta comme de coutume avec tous les signes extérieurs d'un profond respect; puis, tout à coup changeant de ton et de manières, il déclara à Firouz qu'il le faisait prisonnier. Aussitôt il expédia Dost-Mohammed à la citadelle, lui donnant l'ordre de l'occuper et de s'emparer des trésors que Firouz-Eddin y tenait en réserve. Dost-Mohammed mit tant de zèle à exécuter les instructions de son frère, qu'il pénétra de force dans le harem, et porta même la main sur une des odalisques, sœur de Kamrâne, prince de Kandahar, à laquelle il arracha violemment les deux glands enrichis de pierres précieuses qui ornaient sa ceinture. Fathih-Khan se trouva ainsi en possession de richesses considérables; mais ce succès lui donna le vertige. Sans penser au sanglant outrage commis par son frère, il n'essaya même pas de ménager la cupidité du roi en lui laissant une bonne part du butin qu'il avait recueilli, et se contenta de lui envoyer quelques étalons du haras de Firouz. Mahmoud, en apprenant ce coup de main, dépêcha son fils Kamrâne comme gouverneur de Hérat. Arrivé dans sa nouvelle résidence, Kamrâne voulut exiger de Fathih-Khan le versement entre ses mains des trésors dont il s'était emparé; mais le spoliateur répondit avec arrogance que « les ayant conquis avec le tranchant de son sabre, il n'était nullement disposé à se laisser dépouiller avec des paroles et des menaces. »

Pendant ces luttes des chefs afghans, l'armée persane, sous le commandement du prince Hassan-Aly-Mirza, était partie de Méched et se dirigeait sur Hérat. Kamrâne remit donc ces explications avec Fathih-Khan à une époque plus propice, et laissa partir le vizir, qui allait s'opposer à la marche des envahisseurs. Les deux armées se rencontrèrent à Kehriz le 25 mai 1818, et là eut lieu une bataille peut-être unique dans les fastes militaires, car les deux armées s'enfuirent en même temps du théâtre de l'action, persuadées l'une et l'autre qu'elles étaient défaites. Les Persans, vigoureusement attaqués par les Afghans au commencement du combat, cédèrent sur toute la ligne, et Zulfikhar-Khan, commandant de l'artillerie, supporta seul avec une grande bravoure la charge de la cavalerie afghane. Au même moment, Fathih-Khan, portant un costume de couleur noire et monté sur un magnifique étalon turkoman, chargeait le centre des Persans avec les cavaliers de son clan, lorsqu'il fut frappé à la bouche par une balle morte. Ce coup l'étourdit, et il s'affaissa sur son cheval. Les Afghans, dont les yeux étaient constamment fixés sur leur chef, le crurent tué et tournèrent bride, sans écouter les imprécations de Fathih-Khan qui, après avoir repris ses sens, s'efforçait, mais en vain, de les ramener au combat. Les Persans toutefois, ne surent pas profiter de l'avantage qu'ils venaient de remporter par suite de la panique des Afghans. Hassan-Aly-Mirza retourna à Méched, et la guerre se termina ainsi sans aucun résultat de part et d'autre.

C'est alors que Kamrâne jugea opportun de se venger de Fathih-Khan; mais la froide cruauté qu'il montra envers le vizir fut un arrêt de mort pour sa dynastie dans l'Afghanistan. Kamrâne n'occupait pas la forteresse de Hérat; il habitait le Baghi-Chah, où Fathih-Khan se rendait chaque matin pour le saluer. A l'une de ces visites, à laquelle assistaient ses plus fidèles adhérens, Kamrâne se prit à plaisanter le vizir sur sa bravoure, et ses courtisans l'imitèrent. Lorsqu'il comprit que la colère était près d'éclater dans le cœur de Fathih-Khan, Kamrâne eut l'audace de lui dire que, par son dernier échec à Kehriz, il avait à jamais couvert d'opprobre le nom des Afghans. Justement indigné, Fathih-Khan lui répondit qu'il ne pouvait rien changer aux décrets du ciel; quant à sa bravoure personnelle, il n'avait pas besoin de la défendre devant celui qu'elle seule avait mis en possession des biens dont il jouissait. Cette réponse, faite sur le ton d'un amer reproche, était ce qu'attendait précisément Kamrâne; se levant aussitôt avec fureur, il donna l'ordre à ses gens de s'emparer du vizir et de lui crever les yeux. Atam-Mohammed-Khan Nourzéhi exécuta cet ordre barbare en piquant les yeux de Fathih-Khan avec la pointe de son kandjar, et aussitôt après le vizir fut conduit à la forteresse, dont prirent possession les adhérens de Kamrâne.

Quelques jours après cet acte d'odieuse trahison, on fit savoir à Kamrâne que Fathih-Khan, n'était pas complétement aveugle, et, pour empêcher ce bruit de s'accréditer, son cruel persécuteur envoya auprès de lui un certain Kassim-Khan, chargé de dire à l'infortuné vizir que Kamrâne désolé de savoir que sa plaie le faisait cruellement souffrir, le déléguait pour extraire les chairs pendantes de ses blessures. Fathih-Khan, prévoyant un nouveau supplice, garda un instant le silence, puis d'une voix profondément altérée, il répliqua au messager de Kamrâne : « Le prince me témoigne trop d'intérêt; il semble qu'il veuille mettre encore du sel sur mes plaies; mes yeux ne peuvent être dans un un plus triste état, et maintenant qu'on les laisse tels qu'ils sont ! » Kassim-Khan, voyant qu'il ne parviendrait à exécuter l'ordre qu'il avait reçu qu'en employant la violence, fit saisir le prisonnier et lui enleva avec son kandjar le reste des membranes qui remplissaient encore les orbites. Fathih-Khan, pendant cette cruelle opération, ne poussa pas un soupir, ne laissa échapper aucune plainte, et le témoin oculaire qui racontait au major Conolly les détails de ce supplice ne pouvait s'empêcher d'ajouter que le vizir si lâchement torturé était véritablement un homme.

Laissé seul avec son gardien, Fathih-Khan marcha silencieusement dans son cachot durant toute la nuit. Pris parfois d'accès de rage et de désespoir, il se tordait les mains et s'écriait d'une voix brisée : « Allah ! quel crime est le mien, pour qu'on me fasse tant souffrir ? » Vers le matin, la fièvre ardente qui le dévorait diminua un peu, et l'infortuné vizir se mit en prières. Un peu calmé après avoir rempli cet acte de dévotion, il s'endormit bientôt d'un sommeil paisible. Cependant son supplice ne touchait pas encore à son terme. Kamrâne le fit placer dans une litière et le traîna à Kandahar, où ne tarda point à se rendre son père Mahmoud, chassé de sa capitale par les Borikzéhi, qui avaient levé l'étendard de la révolte pour venger l'outrage fait à leur tribu dans la personne de Fathih-Khan. Le vizir aveuglé suivait l'armée royale, qui marchait à la rencontre des insurgés, et, chose étrange, Mahmoud eut alors la pensée d'avoir recours à son ministre pour l'aider à sortir de la fâcheuse position où le crime de son fils l'avait placé. Mahmoud s'adressa directement à Fathih-Khan dans un conseil de guerre et lui promit que s'il parvenait à ramener ses frères à la fidélité envers lui, il lui restituerait sa charge de vizir et le comblerait d'honneurs. Fathih-Khan se borna à répondre que le chah promettait ce qu'il ne tenait plus, et qu'avant de le priver de la vue, il aurait dû songer à raffermir le pouvoir qui allait irrévocablement lui échapper. Mahmoud, furieux de cette réponse, qui lui enlevait son unique espoir de conserver la puissance souveraine, ordonna aux officiers de sa suite de hacher à coups de sabre Fathih-Khan, qui expira sous ses yeux. Ainsi se termina, le jeudi 28 zilkadé 1234 de l'hégire (1818-1819), le drame horrible qui mit fin aux jours de cet homme de guerre devenu le héros populaire des Afghans.

Fathih-Khan contribua sans aucun doute très-puissamment à renverser la dynastie des Dourâni et à donner de l'éclat à son propre clan, dont les chefs devaient remplacer bientôt cette famille sur le trône de l'Afghanistan. Ce changement de dynastie fut opéré par un homme qui a eu trop d'influence sur les destinées de son pays pour que nous ne lui consacrions pas quelques détails, d'autant plus sûrs, que nous tenons ces informations de la bouche de personnes qui ont connu personnellement Dost-Mohammed, celui-là même dont la brillante et aventureuse existence vient de se clore, il y a quelques mois, par un trépas inattendu, lorsqu'il était entré victorieux dans Hérat.

Dost-Mohammed-Khan était l'un des vingt et un fils de Païander-Khan, chef de la tribu des Borikzéhi, assassiné par ordre de Chah-Zéman. Resté orphelin très-jeune à la mort de son père, Dost-Mohammed s'attacha, à l'âge de douze ou quatorze ans, à la fortune de son frère Fathih-Khan, auprès duquel il remplissait l'humble office de *kaliantchi* (porte-pipes). Le vizir découvrit bien vite chez son jeune page une bravoure remarquable et une grande perspica-

cité; car dès l'âge le plus tendre Dost-Mohammed fit preuve
d'une fermeté à toute épreuve et d'une dissimulation peu
commune, même dans l'Afghanistan. Il partagea très-acti-
vement, dès qu'il fut en état de porter les armes, la vie
toujours agitée de son frère, et même il lui rendit des services signalés. Dost-Mohammed n'était que trop disposé
malheureusement à subir l'influence du milieu corrompu
où le sort l'avait jeté. Fort jeune encore, il avait poignardé
traîtreusement, dans le bazar de Kaboul, Mirza-Aly, secré-
taire de son frère Azim-Khan, pour se faire bien venir de
Fathih-Khan, qui, dans un moment d'humeur, avait exprimé
devant lui le désir que quelqu'un le débarrassât de ce servi-
teur qui commençait à lui porter ombrage. Ce premier as-
sassinat ouvre la liste de crimes semblables, très-multipliés
dans la carrière de l'émir, et qui formeraient à eux seuls
un des chapitres les mieux remplis de la sanglante histoire
de l'Afghanistan.

Après avoir pillé et outragé le harem de Firouz-Eddin,
Dost-Mohammed sentit qu'il ne pouvait demeurer plus longtemps à Hérat, et il s'enfuit à Kachmyr, auprès d'Azim-
Khan. Ce prince, après Fathih-Khan, était devenu le chef
du clan des Borikzéhi. Dost-Mohammed parvint sans beaucoup de peine à exciter son ambition en lui suggérant la
pensée de venger l'outrage fait à leur tribu dans la personne
de Fathih-Khan, et même de s'emparer du pouvoir suprême.
Les Afghans étaient déjà très-disposés à s'insurger contre un
roi cruel, indolent et avide; aussi l'insurrection des Borikzéhi réussit-elle parfaitement. Mahmoud-Chah, défait près
de Kandahar, abandonna tout espoir de ressaisir le trône, et
se réfugia à Hérat, résidence de Kamrâne. Après des querelles

sans nombre avec son fils, il termina tristement son existence et fut enterré à Rouzeh-Bagh dans une sépulture qu'il s'était fait construire de son vivant pour lui et pour les membres de sa famille. Les Borikzéhi n'osèrent pas se proclamer brusquement les chefs supérieurs de l'Afghanistan; leur clan était naguère encore trop peu important, sa célébrité, due à Fathih-Khan, était trop récente pour que la nation afghane consentît à se soumettre à une dynastie sortie du sein de cette tribu. Aussi les Borikzéhi choisirent-ils deux prétendants Dourâni, qu'ils soutinrent avec plus ou moins de succès, tout en gouvernant en leur nom. Dost-Mohammed comprit bien vite que pour lui-même, un des plus jeunes représentants du clan Borikzéhi, il s'offrait peu de chances de se maintenir d'une manière stable à Kaboul. Deux fois il avait failli être arrêté et privé de la vue comme son frère aîné. Voulant s'assurer un refuge fortifié, il s'empara de Ghizni. Sa seconde préoccupation était de se procurer des moyen d'existence indépendants, car jusqu'alors, malgré les vicissitudes de sa fortune, il n'avait jamais disposé de sommes bien considérables; aussi ne recula-t-il devant aucun moyen pour se procurer de l'argent. Il lui importait aussi de se créer une position solide dans son pays même par une alliance avantageuse, et bientôt il réussit au gré de ses désirs. Son frère aîné, Azim-Khan, constamment harcelé par ses intrigues, était mort, et Dost-Mohammed épousa immédiatement sa veuve, fille de Sadik-Khan Djévancher, qui lui apporta une dot considérable, et surtout lui assura d'utiles et nombreuses relations. Ayant noué force intrigues contre son neveu Habib-Ullah, fils d'Azim-Khan, il se ligua avec Cherdil-Khan, son autre neveu, et parvint à s'emparer de Kaboul.

Enfin Cherdil-Khan mourut, et Dost-Mohammed devint le maître de la situation. A partir de ce moment décisif commence dans sa vie et dans l'histoire de l'Afghanistan la période qui doit surtout nous occuper.

L'homme qui a joué un rôle si important dans les affaires de l'Asie centrale était comme Fathih-Khan, un de ces personnages singuliers qui, malgré leurs crimes, deviennent promptement pour les populations qu'ils entraînent à leur suite des héros légendaires. Pour bien le comprendre, il faut le voir, non aux jours de sa puissance et de ses luttes, mais aux jours de sa jeunesse. L'émir Dost-Mohammed était alors d'une beauté remarquable, qui lui assurait des triomphes sans nombre dans les harem de l'Afghanistan. On le voyait tour à tour sobre au point de rester à jeun pendant trois jours, et intempérant jusqu'à rechercher les grossiers entraînements de l'ivresse. Il sut cependant prendre un jour la résolution de ne plus s'enivrer. Ayant rencontré son fils aîné et son autre fils Akber-Khan, pour lequel il avait une préférence marquée, au moment où ils sortaient d'un jardin, théâtre de leurs orgies, en état d'ivresse, peut-être en proie lui-même aux fumées du vin, Dost-Mohammed les fit saisir et précipiter du toit d'une maison assez élevée sur les dalles de la cour. Les deux jeunes princes, dont la chute pouvait être fatale, en furent quittes pour quelques contusions. Cependant la mère d'Akber-Khan, la seule femme que l'émir ait tendrement aimée, vint lui faire des reproches : « Comment! lui dit-elle, adonné comme tu l'es à l'ivrognerie, oses-tu t'arroger le droit d'exiger de tes fils, auxquels tu prodigues journellement un aussi funeste exemple, une autre conduite? » Ces paroles produisirent sur l'émir un effet salutaire, et il s'engagea solennellement à ne plus encourir dans la suite de semblables reproches.

Naturellement très-passionné, Dost-Mohammed ne perdit jamais le souvenir d'une offense qu'on lui avait faite; il possédait même au suprême degré l'art de dissimuler la violence de ses haines sous des dehors d'une bienveillance extrême et d'endormir la vigilance de ses ennemis les plus acharnés par le charme d'une parole dorée et pleine d'affectueuse bonhomie. Personnellement brave jusqu'à la témérité, l'émir recourait cependant à la trahison plus volontiers qu'aux hasards des combats; aussi, quoique fort peu lettré, sachant à peine se servir d'un *calam*, il excellait dans l'art, malheureusement très-répandu dans l'Afghanistan, de faire fabriquer de fausses correspondances scellées de cachets contrefaits, au moyen desquels il réussissait à brouiller les amitiés les plus solides et à nouer les intrigues les plus ténébreuses. Tant d'actes révoltants, de crimes atroces, d'infâmes assassinats n'empêchaient pas l'émir d'être strict dans l'accomplissement de ses devoirs religieux, et même jamais le souvenir du sang répandu par ses mains ou par ses ordres n'est venu attrister ses heures de loisir. Quand le soin des affaires lui laissait quelques instants de répit dans ses conversations familières avec les gens de son entourage et les Anglais qui venaient le visiter, il parlait volontiers de son frère Fathih-Khan dont il vantait l'intelligence, la valeur et les exploits, et il prêtait une oreille attentive aux récits que les agents britanniques lui faisaient de la puissance de l'Angleterre, des avantages de la civilisation et des applications de la science moderne aux progrès de l'industrie et du commerce. Malheureusement l'émir avait vécu

dès sa plus tendre enfance dans un milieu tellement immo-
ral, qu'il lui était impossible de rompre en visière avec
toutes les habitudes de son passé, et qu'il semblait prendre à
tâche de choisir de préférence dans toutes ses entreprises les
moyens les plus équivoques et les plus cruels. Ainsi l'on raconte
qu'après la prise de Hérat, alors qu'il était sur son lit de
mort, il imaginait des supplices nouveaux pour forcer les
habitants de la ville à livrer leurs trésors, et qu'il s'infor-
mait avec une impatience fiévreuse du résultat obtenu par
les sbires chargés d'appliquer la question aux malheureux
récalcitrants.

L'existence agitée de Fathih-Khan nous a montré quels
liens unissent la question de Hérat aux affaires intérieures
des Afghans. Avec Dost-Mohammed, notre horizon s'agran-
dit. La Russie et l'Angleterre apparaissent plus distincte-
ment derrière les populations en lutte.

Ayant réussi à rendre sa position assez solide à Kaboul,
l'émir Dost-Mohammed devait s'attacher à multiplier ses
relations à l'extérieur, et les Anglais furent les premiers
Européens avec lesquels il essaya tout naturellement de se
mettre en rapports. D'abord il reçut avec beaucoup de bienveillance le voyageur Alexandre Burnes. Ensuite, vers 1835
environ, ayant appris l'expédition projetée par Chah-
Choudja à l'aide des émirs du Scinde, pour recouvrer un
trône perdu depuis un quart de siècle, Dost-Mohammed
écrivit à sir Claude Wade, alors agent politique de la
compagnie des Indes à Loudianah, pour lui demander si le
Chah était soutenu par l'Angleterre. Quoique cette tentative
soit restée à l'état de projet, Dost-Mohammed trouvait cependant les moyens de ne point se faire oublier aux Indes,

et il agissait de façon à montrer qu'il avait quelque espoir d'obtenir, avec l'influence des Anglais, la restitution de Pichaour, alors au pouvoir de Rundjet-Sing.

A peu près vers la même époque, il se fit dans la politique anglaise un changement qui eut une influence considérable sur les rapports de l'émir avec l'Europe. Lord Palmerston sembla céder à l'obsession du cauchemar qui pesait sur les imaginations des hommes d'état anglais aux Indes au sujet des plans de campagne projetés par la Russie dans cette partie du continent asiatique. L'ambassade de M. Ellis en Perse avait pour mission principale d'amoindrir l'influence russe à Tébéran et de rehausser en même temps celle des Anglais, ébranlée par la mort d'Abbas-Mirza. M. Ellis fut bien vite fatigué de son séjour dans la capitale de la Perse. Cette politique de petites intrigues, de combinaisons artistement enchevêtrées, ne convenait ni à la franchise de son caractère ni à l'élévation de son esprit, mais elle plut fort à son successeur, M. Mac-Neill, depuis longtemps établi en Perse comme médecin. L'antagonisme des deux ambassades européennes, provoqué par l'attitude de M. Mac-Neill, ne pouvait manquer d'avoir un grand retentissement dans l'Asie centrale, et dans tous les cas il eut pour résultat d'y répandre presque autant le nom russe que les avantages importants obtenus par le maréchal Paskiévitch en Perse dans les années 1827 et 1828. Aussi ne doit-on pas s'étonner que Dost-Mohammed ait songé, vers 1837, à écrire une lettre à l'empereur Nicolas, dans laquelle il lui exprimait le désir de voir s'accroître les relations d'amitié et de commerce entre les deux pays. La forme modeste que l'émir crut devoir donner à cette première démarche diplomatique, en confiant

sa lettre à un simple marchand de Kaboul, semblait indiquer que Dost-Mohammed n'attachait à cette tentative qu'une
assez légère importance. La réponse à cette lettre, apportée
en Perse par le capitaine Vitkévitch, arriva au camp de Hérat au moment même où le comte Simonitch, ambassadeur
du tsar près la cour de Téhéran, s'était décidé à contribuer,
autant qu'il dépendait de lui, à la réussite de l'entreprise
militaire du roi de Perse, Mohammed-Chah. Les Anglais
n'étant que trop portés à s'exagérer les intentions hostiles
de la Russie, multiplièrent alors des missions diplomatiques
dont l'histoire détaillée a été plus d'une fois écrite. Qu'il
nous suffise d'en indiquer les résultats principaux. On sait
qu'afin de parer à tout événement, la puissance britannique
résolut d'attirer dans son parti l'émir Dost-Mohammed, et
dans cette vue, elle envoya Burnes à Kaboul. L'éloquent au-
teur de l'histoire de la campagne des Anglais dans l'Afghanistan, M. W. Kaye, a tracé un tableau très-animé de la mission de Burnes et de la disposition des divers membres du
gouvernement britannique aux Indes avant et après cette
expédition. Burnes avait le désavantage d'être parti sans
instructions positives, et il n'hésita pas à promettre impru-
demment à Dost-Mohammed une coopération anglaise, qui
lui ferait rendre par Rundjet-Sing la province de Pichaour.
L'émir de Kaboul était trop rusé pour se laisser gagner à un
espoir si flatteur, et tout en témoignant à Burnes, par les
attentions les plus délicates, ses sentiments de gratitude
pour les promesses qui lui étaient faites, il n'apprenait pas
sans un vif plaisir, par des nouvelles venues de Kandahar,
que la réponse à sa lettre à l'empereur Nicolas était arrivée à
Hérat. Il se faisait en effet ce raisonnement en apparence

très-plausible, que si les engagements pris envers lui par Burnes n'étaient pas ratifiés par les Anglais, la crainte qu'inspirerait à ce diplomate l'intervention inattendue d'une puissance rivale finirait par vaincre les hésitations du gouvernement des Indes. Aussi fit-il à Burnes un mystère de l'arrivée prochaine de Vitkévitch, et cet officier entra brusquement à Kaboul, porteur de la lettre du tsar. Le messager russe, servi par les imprudences de son rival en diplomatie, ne tarda pas à le supplanter; mais il se laissa entraîner à la même faute qu'avait commise Burnes. N'ayant aucune espèce de pouvoirs bien définis et n'étant, à proprement parler, qu'un simple courrier d'état porteur d'une lettre impériale, Vitkévitch ne recula pas devant la grave responsabilité de donner à l'émir toutes sortes d'espérances irréalisables, telles que secours en numéraire, envoi d'un corps d'armée russe pour l'aider à reprendre Pichaour, et appui militaire au cas d'une agression anglaise. Ces folles promesses exaltèrent tellement l'émir, qu'à partir de ce moment il rompit avec Burnes, qui fut obligé de quitter Kaboul.

Cette rivalité des deux diplomates subalternes eut pour l'Afghanistan et l'Angleterre des suites désastreuses. Les forces britanniques envahirent les provinces afghanes. Dost-Mohammed s'enfuit à Boukhara, d'où l'émir de cette ville, qui l'avait d'abord bien accueilli, ne craignit pas de l'éloigner après six mois de résidence. L'émir fugitif traversa Chéhéri-Sebz, patrie de Timour-Leng, puis Koundouz, et se rendit dans le Khoïstan, où il essaya de fomenter la révolte. Défait par les Anglais à plusieurs reprises, Dost-Mohammed comprit bien vite qu'il ne pouvait plus compter sur l'appui

des siens pour continuer la lutte. Il prit un parti héroïque,
et rentra secrètement à Kaboul ; puis, s'étant présenté à sir
William Mac-Naughten, il se constitua le prisonnier de
l'Angleterre. S'il est dans la vie de Dost-Mohammed une
époque où il soit digne de quelque pitié, c'est assurément le
moment qui précéda sa captivité dans les prisons anglaises.
Rien de plus dramatique en vérité que les aventures de ce
barbare Afghan, ayant perdu sa dernière espérance, son
dernier soldat, et regagnant sous un déguisement son ancienne capitale pour se livrer « à la générosité de la nation
britannique. » Quel sang-froid, quel calme, quelle résigna-
tion ! Le malheur sied aussi bien à Dost-Mohammed qu'à
son frère Fathih-Khan. Sa marche nocturne dans les plaines
de l'Afghanistan, ses alertes continuelles, ses travestisse-
ments, son entrée à Kaboul, son apparition inattendue devant le résident anglais, tout enfin dans ces scènes impré-
vues éveille nos sympathies. Il semble que les infortunes du
vaincu nous fassent oublier les crimes du despote, et l'on
est presque tenté de saluer en lui l'émule de Porus et de
Tippo-Saïb.

Au moment où Dost-Mohammed était encore en lutte ou-
verte avec la puissance britannique, les Persans venaient de
lever le siége de Hérat. Les Anglais profitèrent de leur forte
position dans l'Afghanistan pour envoyer dans cette ville une
mission politique. Pendant le séjour de cette mission à Hérat,
les Anglais dépensèrent 18 millions de francs, tant pour res-
taurer les fortifications de la ville que pour encourager l'a-
griculture ; mais dès qu'ils s'aperçurent que le chef de la
province, Yar-Mohammed-Khan, voulait mettre des entraves
à leur omnipotence dans le pays, ils eurent la folle pensée

de renverser cet homme en inspirant à Chah-Kamrâne des craintes sur son ambition. A cette époque, Kamrâne était usé par la débauche et incapable d'entreprendre rien de sérieux; aussi, bientôt après le départ des Anglais de Hérat, Yar-Mohammed relégua Kamrâne à Ghouriane, et puis, l'ayant de nouveau fait venir à Hérat, il donna l'ordre de l'étrangler. Resté maître du pouvoir, il employa les dernières années de sa vie à s'y affermir. Il s'empara successivement de Férah, de Lach et de Djouveïn, et c'est dans cette forteresse qu'il tomba malade et mourut en 1851. Les successeurs de Yar-Mohammed n'avaient aucune des qualités nécessaires pour continuer la tradition de la politique indépendante de ce prince, dans une province dont la possession était à la fois convoitée par les Persans et les Afghans. Aussi le ministère du Chah s'efforçait-il d'entretenir de tout son pouvoir les querelles des différents compétiteurs qui se disputaient le gouvernement de la province et de la ville de Hérat. En 1857, le Chah jugea que le moment était venu de tenter une expédition contre Mohammed-Youssouf, l'un des petits-fils de Firouz-Eddin, qui alors était maître de Hérat, et dans cette vue, une nombreuse armée se mit en campagne et s'empara presque sans coup férir de la province et de la ville. Sultan-Ahmed-Khan, prince afghan qui vivait alors à Téhéran, où il avait cherché un refuge pour échapper aux embûches de son oncle Dost-Mohammed, fut aussitôt investi par les Persans du gouvernement de la ville; c'est Ahmed-Khan qui l'année dernière, soutint seul et sans secours les attaques de l'émir de Kaboul, et précéda de quelques jours seulement dans la tombe son ambitieux rival.

On a déjà vu combien la politique de l'Angleterre s'était

montrée active dans les affaires compliquées dont nous venons d'exposer le tableau. La période récente où nous allons suivre ces affaires nous permettra de mieux préciser encore les tendances de cette politique et les résultats qu'elle a su obtenir. Rappelons-nous d'abord combien la position des Anglais en Asie vers 1830 était différente de ce qu'elle était au commencement de ce siècle. L'Afghanistan n'inspirait plus d'inquiétudes sérieuses aux Anglais; leur pouvoir aux Indes était on ne peut plus solidement' établi. Parmi les souverains indigènes, il n'y avait que Rundjet-Sing qu'ils se vissent forcés de traiter avec certains égards; les autres étaient leurs tributaires ou leurs pensionnaires, auxquels ils permettaient de se complaire dans les souvenirs de leur puissance disparue. La France s'était retirée du concours, et il n'y avait que la Russie qui eût gardé le privilége d'inspirer à la puissance britannique quelques inquiétudes pour les Indes. Les dernières années du règne de Feth-Aly-Chah et surtout le règne de Mohammed-Chah, père du roi de Perse actuel, étaient peu propres à dissiper les appréhensions de l'Angleterre à l'égard de la Russie. Avec Abbas-Mirza, cette puissance avait perdu le soutien le plus chaleureux des intérêts britannique dans la Perse. Feth-Aly-Chah, qui vers la fin de sa vie n'avait conservé que la passion de l'or et des femmes, tolérait la puissance anglaise au nord de ses états, car il recevait très-régulièrement, par l'intermédiaire de la compagnie des Indes, les 100,000 ducats qui lui étaient alloués en vertu de traités conclus dans les moments de terreur qu'inspirait à la puissance britannique le nom de Napoléon. Les traitements des officiers et des sergents anglais, qui étaient assez considérables, étaient pris sur les revenus

de l'Adherbeidjan, qui, n'entrant pas dans le trésor du roi,
inquiétaient peu cet Harpagon couronné; mais à la mort de
son héritier présomptif, quand ces dépenses durent retomber
directement à sa charge, l'influence anglaise trouva un obstacle puissant dans sa cupidité qui croissait avec l'âge.

A la mort de Feth-Aly-Chah, l'attitude hostile de la cour
de Perse vis-à-vis de l'Angleterre se dessina plus nettement.
Son petit-fils Mohammed-Chah triompha sans trop de difficultés des compétiteurs qu'on vit surgir tout à coup dans
les différentes provinces de l'empire, et s'il obtint un succès
aussi facile, c'est que les Persans étaient convaincus que le
nouveau roi était soutenu par la Russie. Mohammed-Chah
entra dans sa capitale accompagné par le ministre russe, le
comte Simonitch, et ses parents rebelles allèrent tous cher-
cher un refuge à Bagdad sous la protection du résident anglais. Les projets du nouveau monarque pour étendre ses
domaines du côté de l'Orient trouvèrent dès lors le ministre
anglais à Téhéran, M. Mac-Neill, peu disposé à les soutenir.
Sans prendre en considération les prédilections personnelles
de Mohammed-Chah, impatient de venger l'échec militaire
qu'il avait subi sous les murs de Hérat, le diplomate anglais
ne voyait dans ses préparatifs de guerre que le résultat des
instigations de la Russie, et n'appréhendait que l'influence
que le tsar pouvait gagner, avec le concours de la Perse, sur
les provinces septentrionales de l'Inde. Le siége de Hérat,
malheureux pour le lustre des armes iraniennes, a soulevé
trop de clameurs dans le parlement anglais et dans les
chambres françaises pour qu'il soit nécessaire de revenir
sur la question. Disons cependant que, si au point de vue
européen les rapports entre les différentes puissances sont

réglés par les idées d'équité de l'équilibre politique, il n'est pas possible de les appliquer aussi strictement à la guerre déclarée par Mohammed-Chah au prince de Hérat. Il est vrai que l'ambition de Mohammed-Chah fut pour beaucoup dans sa détermination de s'emparer de Hérat; mais il est constant aussi que l'humanité aurait beaucoup plus gagné à laisser les Persans chargés seuls du soin de vider à leurs risques et périls leurs querelles entre voisins. On commit donc une faute très-grave en prenant parti dans cette contestation par une série d'actes commencés dans le cabinet de lord Palmerston à Londres et terminés sur les froids plateaux de l'Afghanistan, où une nombreuse armée expia par un long martyre d'impardonnables fautes politiques. La seconde campagne des Anglais dans l'Afghanistan eut pour résultat principal la réinstallation de Dost-Mohammed sur le trône de Kaboul. Ce fait à lui seul suffirait à prouver l'inutilité de l'intervention armée des Anglais dans les affaires intérieures des Afghans, car, après leur seconde expédition, ils rétablirent eux-mêmes les choses absolument sur le même pied qu'avant cette guerre funeste. Dost-Mohammed, une fois revenu dans ses états, chercha à utiliser l'expérience qu'il avait acquise pendant son séjour dans les prisons anglaises, et il comprit que sa tranquilité et son salut dépendaient uniquement de ses bons rapports avec ses puissants voisins.

Les événements qui ont suivi de près la campagne de l'Afghanistan, notamment la mort de Rundjet-Sing et l'envahissement du Pundjab par les forces de la compagnie des Indes, donnèrent au gouvernement britannique tout ce que raisonnablement il pouvait se proposer d'atteindre dans cette partie du continent asiatique. Sa frontière septentrionale était bien déterminée par des chaînes de montagnes qui n'avaient que deux passages; l'Indus, dans tout son parcours navigable, coulait dans les possessions anglaises. Chaque pas de plus vers le nord n'ajoutait à l'empire britannique aucune province productive, et les Anglais ne trouvaient là que des climats comparativement septentrionaux, où le sol n'avait plus cette luxuriante fertilité qui donne une si grande valeur à leurs possessions des Indes. Ainsi nous voyons que les intérêts respectifs commençaient à retrouver dans ces contrées leur assiette naturelle, et l'on devait s'attendre à voir résulter de cet état de choses un accord définitif qui maintiendrait l'équilibre établi.

En effet, après la mort de Mohammed-Akber-Khan, qui seul s'opposait à l'entente cordiale entre les Afghans et leurs voisins de l'Occident, le colonel Lawrence, alors agent politique à Pichaour, fit des ouvertures à Dost-Mohammed pour l'engager à régulariser les rapports de la compagnie avec le Kaboul. Toujours en défiance, l'émir ne voulait traiter avec les Anglais qu'avec une entière connaissance de cause : aussi s'empressa-t-il d'expédier son héritier présomptif, Goulam-Héïdar-Khan, à Pichaour, pour connaître à peu près quelles étaient les intentions des Anglais et ce qu'ils avaient à lui offrir. Les premiers rapports envoyés par Goulam-Héïdar firent comprendre à Dost-Mohammed qu'il s'agissait pour lui d'intérêts très-sérieux : aussi n'hésita-t-il pas à se rendre en personne, en 1857, aux conférences de Pichaour et d'apposer son cachet à un traité d'alliance basé sur les quatre points suivants : 1° conserver toujours des rapports amicaux avec les Anglais et ne point entrer en relations avec une puissance étrangère, amie ou ennemie, sans le consentement de l'Angleterre;

2° admettre à Kaboul un agent anglais, à la condition que ce représentant ne fût ni Anglais, ni chrétien sujet anglais, ni un de leurs sujets musulmans des Indes; 3° recevoir de l'Angleterre une subvention en argent et des munitions de guerre en cas d'une attaque de l'Afghanistan par la Perse ; 4° enfin, en compensation de l'occupation de Pichaour par les Anglais, recevoir annuellement, sous forme de pension, les revenus de cette province, calculés sur l'échelle de 1,200,000 roupies. — Ce traité, pendant longtemps inconnu en Europe, n'a été révélé que par une discussion soulevée dans le parlement britannique lors du rappel du général sir H. Rawlinson du poste de ministre anglais à Téhéran. Un membre de l'opposition, M. Danby Seymour, n'a pas hésité, dans cette discussion, à opposer aux considérations économiques des ministres de la couronne les 200,000 ducats de la pension faite à Dost-Mohammed en vertu du traité secret de Pichaour.

Aussitôt après avoir signé avec les Anglais le traité de Pichaour et réglé, ainsi qu'on vient de le voir, ses intérêts au sud de ses états, Dost-Mohammed-Khan donna cours à sa haine personnelle contre l'émir de Boukhara, et envahit Balkh, établissant ainsi la frontière septentrionale de ses possessions sur l'Oxus; mais ces succès importants ne pouvaient pas satisfaire l'ambition du puissant agitateur de l'Asie centrale. Kandahar, l'une des provinces les plus productives de son royaume, restait aux mains de son frère Kohendil-Khan: il fallait la lui reprendre. Les événements conspirèrent avec l'émir de Kaboul. A l'occasion d'une contestation futile entre le gouvernement persan et le ministre d'Angleterre, qui prétendait avoir le droit de faire reconnaître un agent anglais, sujet du Chah, à Chiraz, M. Murray amena brusquement son pavillon. Le gouvernement persan s'obstina, de son côté, à maintenir le droit du Chah de disposer de ses sujets, et M. Murray, persistant dans ses exigences, quitta Téhéran avec toute sa légation. Débarrassé de la pression anglaise, le roi de Perse, toujours préoccupé de venger le double échec subi par son père sous les murs de Hérat, dirigea dans la vallée de l'Hériroud une expédition militaire sous les ordres de son oncle, Mourad-Mirza. La guerre des Anglais avec les Persans n'a été, comme on sait, ni glorieuse, ni profitable pour la grande puissance occidentale. Après avoir occupé le port de Bouchir sur le golfe Persique, l'armée britannique se trouvait dans l'impossibilité d'avancer, et les Persans par une suite de manœuvres militaires et diplomatiques, s'emparèrent de Hérat (1857). Sur ces entrefaites, Kohendil-Khan, leur allié dans l'Afghanistan, mourut, et Dost-Mohammed s'empressa d'occuper Kandahar, car ni le fils du défunt gouverneur Mohammed-Sadick-Khan, ni son frère Rahim-Dil-Khan, ne surent inspirer aux habitants de la ville assez de confiance pour s'y maintenir. Dost-Mohammed offrit alors sa coopération aux Anglais contre les Persans. Ses ouvertures furent chaleureusement acceptées; on lui envoya de l'argent, des munitions de guerre et trois officiers de l'armée des Indes, les deux Lunsden et le docteur Bellew, soi-disant pour l'aider de leurs lumières, mais en réalité pour surveiller attentivement ses actes. L'émir accueillit avec reconnaissance les marques de la munificence britannique; mais il sut si bien entourer les officiers anglais qui venaient d'arriver près de lui, que, tout en conservant avec eux les rapports les plus amicaux, il les mit presque dans l'impossibilité de sortir de leur résidence, et parvint définitivement à les

congédier sous le prétexte qu'il ne pouvait répondre de
leur sûreté personnelle. Cette mission a été récemment ra-
contée par M. Bellew, dont le livre présente, à défaut d'une
grande portée politique, quelque intérêt géographique, car
les trois officiers envoyés vers l'émir sont les premiers voyageurs européens qui aient pu se rendre directement de Pichaour à Kandahar par le défilé de Païwar.

Cependant Dost-Mohammed, fort de l'influence anglaise,
avait réussi à concentrer dans ses mains le pouvoir souverain de tout l'Afghanistan, moins Hérat ; mais son ambition
n'était point encore satisfaite, et l'émir de Kaboul rêvait toujours la possession de cette ville, qui assurait sa puissance à
l'ouest de ses états et commandait l'entrée des provinces
orientales de la Perse. Dost-Mohammed eût peut-être vu ses
projets s'accomplir, si l'expédition anglaise contre le chah
eût été poussée avec succès jusqu'au cœur de l'empire ira-
nien ; toutefois cette campagne n'eut d'autres résultats que
d'obliger les Persans à entretenir une forte armée à Chiraz,
et d'imposer des dépenses très-onéreuses au gouvernement
du chah. De plus, l'opinion publique en Angleterre finit par
comprendre que cette guerre ne se justifiait par aucun motif
politique sérieux. Les deux puissances belligérantes avaient
donc un égal désir de voir se terminer promptement le con-
flit ; aussi, quand le gouvernement persan, par l'organe de
Ferrouk-Khan, résolut de placer ses intérêts sous la protection de la France, l'Angleterre s'empressa-t-elle d'accepter
cette médiation. Les conférences furent ouvertes à Paris,
d'un côté par Ferrouk-Khan, qui avait l'ordre de s'inspirer
des conseils de l'ambassade de Russie, et de l'autre par lord
Cowley, ambassadeur de la reine Victoria près la cour des

Tuileries. Les deux parties délibérantes étaient placées sous la médiation du gouvernement français. La France, ne voyait dans cette question qu'une affaire d'humanité, d'autant plus que, n'ayant aucun but personnel à poursuivre dans les régions de l'Asie centrale où elle ne saurait envoyer ni flottes ni armées, son gouvernement ne s'était point tenu au courant des rapports complexes qui existaient entre les différentes principautés de cette partie du monde. L'essentiel, dans l'appréciation du cabinet des Tuileries, était de faire cesser aussi vite que possible l'effusion du sang inutilement répandu dans ces lointaines régions; pour l'Angleterre, au contraire, il y avait deux points importants à obtenir : — premièrement, d'être mise dans ses rapports avec la Perse sur un pied de parfaite égalité vis-à-vis de la Russie, ou plutôt de faire disparaître du traité qui établissait ces rapports le seul point sur lequel la Russie était plus favorablement traitée qu'elle, notamment le droit de nommer, partout où elle le jugerait convenable, des agents consulaires ; — en second lieu, de fixer les rapports de la Perse avec ses voisins à l'orient de la façon la plus avantageuse pour ses propres possessions de l'Inde.

La Russie n'était pas personnellement intéressée dans cette contestation ; elle s'associa donc franchement aux efforts généreux que fit le gouvernement français pour rétablir les bonnes relations entre les deux parties belligérantes. Malgré le semblant de magnanimité et de modestie même de l'Angleterre, qui ne demandait, pour le second point de ses réclamations, que le rétablissement du *statu quo ante bellum*, il était évident que tout dépendait de la manière d'envisager ce *statu quo*. Malheureusement pour la Perse, ni Ferrouk-

Khan, ni aucun des membres de sa mission ne connaissaient spécialement les intérêts de la Perse à l'orient de l'empire. Aussi le *statu quo ante bellum* signifiait-il dans le traité, le renoncement du chah de Perse à toutes ses prétentions de souveraineté sur le territoire. et la ville de Hérat et sur les pays de l'Afghanistan. Le chah ne devrait jamais exiger du prince de Hérat, ni des chefs des autres états afghans, aucune marque d'obéissance, telle. que l'obligation de battre monnaie en son nom, la mention du *khodbé* (1) et la levée du tribut. De plus, le chah s'engageait à s'abstenir désormais de toute intervention dans les affaires intérieures des Afghans, et promettait de reconnaître l'indépendance de Hérat et de tout l'Afghanistan sans jamais tenter de troubler la paix de ces états. En cas de différend entre la Perse et les gouvernements de Hérat ou même de l'Afghanistan, le chah promettait de s'en rapporter, pour l'arrangement définitif, aux bons offices du gouvernement britannique, et de ne recourir aux armes que lorsque ces bons offices n'aboutiraient point à rétablir la paix entre les parties. De son côté, le gouvernement britannique s'engageait à user en tout temps de son influence sur les princes de l'Afghanistan pour prévenir toute cause d'ombrage entre le gouvernement persan et les états afghans, et de plus l'Angleterre, s'il lui était fait appel par le chah en cas de difficultés, emploierait tous ses efforts pour régler ces différends d'une manière juste et honorable pour la Perse.

A première vue, la solution de la question anglo-persane paraissait complète et ne laissait rien à désirer ; mais dans

____

(1) La mention du nom du chah dans la prière du vendredi.

cette affaire on avait complétement oublié les graves changements qu'avait subis le *statu quo* de l'Afghanistan pendant la guerre anglo-persane, notamment la concentration entre les mains de Dost-Mohammed-Khan de deux provinces aussi importantes que Kaboul et Kandahar. Tant que cette dernière ville était au pouvoir d'un chef presque indépendant de l'émir de Kaboul, la Perse n'avait pas à craindre pour ses provinces orientales une pression dangereuse à l'intégrité de sa suzeraineté; mais la réunion dans les mêmes mains des ressources de Kaboul et de Kandahar assurait au maître de ces deux pays une telle prépondérance, que le gouvernement persan dépendrait constamment de son bon vouloir dans le Séïstan, à Kahine et le long de toute la frontière. En même temps l'indépendance de Hérat devenait aussi une fiction, ou plutôt cette ville tombait complétement sous l'influence britannique. Cependant ce qui est plus significatif encore, c'est le soin que le gouvernement anglais prit de paralyser pour l'avenir la possibilité même d'une immixtion à main armée de la Perse dans les affaires intérieures de l'Afghanistan, car les termes du traité précisaient spécialement un fait qui ne s'est pas rencontré dans l'histoire de l'Iran depuis la mort de Nadir-Chah, et surtout pendant toute la durée de la dynastie actuelle des Khadjars.

Les événements qui se sont accomplis récemment n'ont fait ressortir qu'avec trop d'évidence le vrai caractère du traité anglo-persan. La Perse, fidèle à son ancienne politique envers l'Afghanistan, entretenait chez elle, au moment de la conclusion du traité, plusieurs émigrés afghans, tels que Riza-Mirza, parent de Châh-Kamrâne, Aly-Khan, fils de Kohendil-Khan, chef de Kandahar, Sultan-Ahmed-Khan,

neveu et gendre de Dost-Mohammed, et d'autres encore qui
n'ont joué aucun rôle dans les affaires de leur pays. D'après
le traité, la Perse était libre de choisir pour gouverneur de
Hérat un prince afghan quelconque, et il était évident que
son choix devait tomber sur le personnage qui lui inspirerait le plus de confiance; mais le ministère persan ne jugea
point utile de se prononcer immédiatement à cet égard.
A peine le traité anglo-persan de Paris était-il ratifié, après
quelques hésitations à Téhéran, que la nouvelle du soulèvement des cipayes aux Indes parvint en Perse, et inspira au
gouvernement du chah un profond regret de n'avoir point
attendu ce moment propice d'une diversion aussi efficace
pour conclure un traité plus favorable aux intérêts persans.
Les incertitudes relatives au choix d'un nouveau gouverneur de Hérat cessèrent aussitôt, et le premier ministre du
chah arrêta ses vues sur Sultan-Ahmed-Khan. Ce serdar
afghan était le troisième fils d'Azim-Khan, frère aîné de
Dost-Mohammed. Son père avait été pendant longtemps
gouverneur de Kachmyr, peu avant que cette riche province ne fût tombée au pouvoir de Rundjet-Sing. Les trésors
d'Azim-Khan étaient passés dans les mains de l'émir de
Kaboul. Dost-Mohammed berçait les héritiers naturels
d'Azim-Khan de promesses qui ne furent jamais suivies
d'effet. Son neveu, victime d'une spoliation aussi inique,
devait accepter sa triste situation, sans pouvoir rien faire
pour la changer; mais le souvenir de cette injustice n'avait
certainement pas été effacé par toute la bienveillance appa-
rente que lui témoignait son oncle, qui avait cru assez réparer ses torts envers son jeune parent en lui donnant pour
épouse une de ses filles favorites. A l'époque du soulèvement

des Afghans contre les Anglais, Mohammed-Akber-Khan, instigateur du mouvement national, avait employé activement durant cette guerre d'extermination Sultan-Ahmed-Khan, et avait fini par confier à sa garde les prisonniers anglais échappés au couteau meurtrier des Afghans. Peu récompensé des services rendus en cette occasion à la cause nationale et mécontent de la duplicité de son oncle, devenu son beau-père, Sultan-Ahmed-Khan avait cherché un refuge à Téhéran. Ainsi, aux yeux du ministère persan, il réunissait tous les éléments nécessaires pour bien gouverner Hérat en dehors de la protection anglaise, inébranlablement acquise à l'émir Dost-Mohammed. Son existence précaire en Perse et les faibles secours qu'il recevait du trésor du chah disposèrent Sultan-Ahmed-Khan à écouter avec faveur les propositions du ministère persan. Il s'agissait de continuer les traditions de la domination iranienne à Hérat sous la forme d'un gouvernement en apparence indépendant. L'émir devait seulement recevoir la province telle qu'on la lui livrait sans aucune réclamation, battre monnaie avec le nom du chah, et le mentionner dans les prières du vendredi.

Évidemment ces conditions secrètes, absolument contraires aux stipulations du traité de paix, ne pouvaient avoir rien de sérieux pour l'avenir; elles donnaient au gouvernement persan le moyen de paraître de prime abord aux yeux de ses sujets, moins lésé dans ses intérêts par le dernier traité qu'il venait d'accepter; mais à la longue il était évident que le chah n'avait pas le droit d'exiger l'exécution de ces obligations, car il n'avait même pas le droit de les avouer. Néanmoins le gouverneur des Indes, qui eut avis de ces clauses secrètes, s'empressa d'envoyer à Hérat le major

Taylor sous le prétexte d'examiner si les Persans avaient
évacué la ville dans les limites de temps fixées par le traité.
De plus cet officier, fidèle aux traditions diplomatiques de
son gouvernement en Asie, devait semer autant que possible
la discorde dans les états du nouveau gouverneur, s'il ne
parvenait pas à l'attacher aux intérêts anglais. Aussi cette
mission devait être suspecte aux Persans et au chef de Hérat :
les premiers en effet voyaient soumis à un important con-
trôle un arrangement qu'ils croyaient très propre à sauve-
garder leurs intérêts à l'orient de leurs possessions, et le
second n'avait qu'à remarquer la composition du personnel
de la suite musulmane de l'envoyé anglais pour découvrir
que le major Taylor poursuivait à Hérat un but évidemment
hostile à sa position comme chef du pays. Le major Taylor
avait rassemblé à Téhéran et à Méched des intrigants obscurs
chassés de Hérat par les différents gouverneurs de la ville, et
leur avait promis d'avance leur réinstallation dans leurs
foyers. La mission anglaise de Hérat n'eut d'autres résultats
que d'envenimer les rapports de Sultan-Ahmed-Khan avec
la légation britannique à Téhéran, d'autant plus que le major
Taylor fut obligé, en se retirant, de remmener avec lui tous
les individus dont il s'était fait accompagner. Se basant sur
les renseignements rapportés par le major, comptant de plus
sur les innombrables difficultés qui entouraient le nouveau
gouverneur de Hérat, la légation anglaise en Perse avait cru
que la présence de ce chef dans la ville évacuée par l'armée
du chah n'était pas un obstacle sérieux, et qu'elle pourrait
en triompher au premier moment. Après avoir essayé tour
à tour par différents moyens de renverser Sultan-Ahmed-
Khan, les Anglais, voyant que ces tentatives restaient sans

effet, cherchèrent contre le gouverneur de Hérat une arme plus efficace. Cette arme, c'était l'ambition de Dost-Mohammed, qui, dès sa plus tendre jeunesse, avait gardé un trop vif souvenir des richesses du pays pour ne pas les convoiter ardemment.

En Asie, plus encore qu'en Europe, le prétexte d'une guerre est bientôt trouvé. Dans la reconstitution d'Hérat comme province indépendante, on s'était bien gardé de définir exactement les limites du nouvel état qu'on créait. Le texte du traité ne précisait évidemment rien à cet égard. Sous Yar-Mohammed-Khan, qui avait été le dernier gouverneur sérieux de Hérat avant l'occupation persane, les villes de Férah, Lach et Djouveïn, et même le Séïstan, étaient très-souvent tributaires de Hérat. Après la conclusion du traité anglo-persan de Paris, Lach et Djouvéïn étaient difinitivement exclus de cette province; mais quand à Férah, qui de fait, au moment de l'évacuation de la ville par les Persans, dépendait plus de Kandahar que de Hérat, la question était douteuse. Férah se trouvait sous les ordres du *mirakour* Ahmed-Khan (1), et ses empiétements sur le territoire qui reconnaissait la suprématie du chef de Hérat obligèrent celui-ci à revendiquer la suzeraineté de cette localité, en rappelant qu'elle avait été soumise au pouvoir de Yar-Mohammed-Khan. Le chef de Férah, incapable de résister seul, se mit sous la protection de Dost-Mohammed, qui marcha à son secours à la tête de quatorze mille hommes. La première rencontre

(1) La multiplicité des noms semblables est une des difficultés de tout récit consacré aux affaires orientales. Le lecteur n'aura pas de peine cependant à distinguer le *mirakour* (écuyer) Ahmed-Khan, chef de Férah, et Sultan-Ahmed-Khan, gouverneur de Hérat.

entre les troupes de l'émir de Kaboul et celles du chef de Hérat
eut lieu sur les bords du Férahroud, et, comme on devait s'y
attendre, l'armée de Sultan-Ahmed-Khan, mal équipée, manquant d'instruction militaire et composée en majeure partie de
jeunes gens de dix-huit à vingt ans, fut totalement défaite. Sultan-Ahmed-Khan se retira en toute hâte dans sa résidence, décidé à y soutenir un siége. Dost-Mohammed-Khan investit aussitôt la place; mais comme il n'avait amené avec lui que quatre
canons de petit calibre, il reconnut bien vite que cette artillerie était insuffisante pour réduire Hérat, et son esprit inven-
tif lui suggéra un autre moyen d'attaque. Il lia des rapports
avec quelques habitants de la ville et sut bien vite disposer en
sa faveur le chef des ulémas, dont l'influence était assez forte
pour mettre Sultan-Ahmed-Khan dans le plus grand péril.
Heureusement pour lui, on l'instruisit à temps de cette cons-
piration, et le gouverneur se débarrassa de ce redoutable
ennemi en le faisant pendre publiquement.

Cependant en présence d'une invasion qui intéressait si
fortement la tranquilité de ses provinces orientales, le ministère persan ne demeurait point inactif. Il s'adressa au gouvernement anglais en s'appuyant sur l'article du traité de
Paris, qui imposait à cette puissance l'obligation d'aplanir
les difficultés qui pouvaient surgir entre l'Afghanistan et la
Perse. Voyant que le ministre anglais à Téhéran, tout en
promettant de faire ce qui dépendrait de lui pour arrêter
Dost-Mohammed dans ses prétentions, ne tentait aucune
démarche sérieuse, le gouvernement du chah enjoignit à
l'ambassadeur de Perse à Constantinople de se rendre en personne à Londres pour faire des représentations à ce sujet au
cabinet de Saint-James. Mirza-Hussein-Khan obtint des mi-

nistres de la reine toutes les promesses conformes au désir de son gouvernement. Les ordres furent adressés du *foreingn-office* à la légation britannique à Téhéran. On invita M. Alison à envoyer sans retard un de ses attachés vers l'émir de Kaboul, afin d'arrêter ses empiétements sur le territoire de Hérat. Le ministre anglais expédia en effet à M. Eastwick, qui tomba malade en voyage, au moment où M. Alison lui-même usant d'un congé obtenu avant que ces évènements se développassent, quittait son poste et revenait en Europe. De cette façon, les bonnes dispositions du ministère anglais n'aboutirent pas, et on s'est demandé si lord Palmerston n'avait pas prévu ce résultat négatif.

Ainsi appuyé directement par l'Angleterre, Dost-Moham-med-Khan, qui s'inquiétait peu des démarches diplomatiques de la Perse, serrait Hérat très-étroitement. Bien qu'il eût échoué dans sa tentative d'enlever la place par trahison, il n'ignorait pas que Sultan-Ahmed-Khan ne pourrait résister longtemps, et que les assiégés, manquant de vivres, d'eau potable et de munitions, ne tarderaient pas à capituler. Aussi manifestait-il hautement son intention bien arrêtée d'ajouter toute la province de Hérat, à ses vastes domaines. Rassuré du côté des Persans, qui étaient réduits à l'impuissance par la teneur des traités signés avec l'Angleterre, il ne vint pas à l'esprit de Dost-Mohammed de supposer que le gouvernement persan entamerait à la légère une nouvelle lutte avec la puissance britannique. Cependant une circonstance inattendue put faire croire un moment à Sultan-Ahmed-Khan que les attaques de l'émir de Kaboul seraient impuissantes contre lui et que ce dernier serait obligé de lever brusquement le siége de Hérat. On se rappelle que l'un des premiers actes de Dost-Mohammed à son retour de l'Inde avait été de s'emparer des domaines de Boukhara, situés sur la rive gauche de l'Oxus. L'émir de Boukhara n'avait pas les moyens alors de s'opposer sérieusement aux envahissements de son vindicatif et ambitieux voisin; mais son fils, monté sur le trône en 1857, ne dissimulait pas son intention de profiter de la première occasion pour reprendre l'ancien patrimoine de sa famille. Aussi dès qu'il eut appris l'entreprise belliqueuse de Dost-Mohammed contre Hérat, il crut le moment favorable pour entrer dans l'Afghanistan, et rassembla une forte armée d'Uzbeks, qu'il fit marcher sur l'ancienne Bactriane. La campagne entreprise par l'émir turkoman eut d'heureux résultats, et la nouvelle de l'invasion de ses états par les Uzbeks fit une terrible impression sur l'esprit de Dost-Mohammed, qui néanmoins ne crut pas devoir abandonner les opérations commencées pour marcher contre eux. Il ne voyait pas sans tristesse le siége de Hérat traîner en longueur, ses munitions diminuer et le zèle de ses troupes se ralentir; aussi sa santé, fortement ébranlée par les fatigues de la guerre et par les émotions de sa vie aventureuse, ne se soutenait que difficilement. Son moral lui-même s'affaiblissait de jour en jour, et la fiévreuse inquiétude qui le dévorait sans cesse finit par porter de sérieuses atteintes à sa robuste constitution.

Ure grave nouvelle était arrivée cependant, et avait jeté la consternation parmi les assiégés: Sultan-Ahmed-Khan venait de mourir. Depuis plusieurs semaines déjà, la famine tourmentait cruellement la ville, et le nouveau défenseur de Hérat, Chah-Navaz-Khan, qui succédait comme gouverneur à son père, voyait chaque jour ses ressources diminuer et les soldats hératiens abandonner furtivement leurs postes pour passer dans le camp des Afghans. Enfin le 8 de zilkadé (26 mai 1863), deux cents soldats désertèrent la place et vinrent offrir leurs services à Dost-Mohammed. L'émir de Kaboul profita de ce secours, qui arrivait si à propos, et se fit à lui-même le serment d'entrer le jour suivant dans Hérat ou de mourir sous les murs de la ville. En effet, le lendemain, il fit sonner les trompettes et donna l'ordre à son infanterie de livrer l'assaut. Les portes de Hérat, qui n'étaient que faiblement défendues, cédèrent sans résistance devant le choc impétueux des Afghans. Chah-Navaz se réfugia aussitôt dans la citadelle avec ses parents et quelques serviteurs fidèles; mais ce dernier asile ne tarda point à être emporté de haute lutte, et les vaincus, chargés de chaînes, furent immédiatement dirigés sur Kaboul (27 mai). Après cette double victoire, la ville de Hérat fut abandonnée à la fureur de la soldatesque afghane. Le sac dura depuis le matin jusqu'au coucher du soleil, et les malheureux habitants, soumis à la question, durent livrer à la rapacité des vainqueurs leurs trésors, qu'ils avaient soigneusement enfouis.

Douze jours s'étaient à peine écoulés depuis que la ville était tombée au pouvoir des Afghans, lorsque le vieil émir sentit approcher la fin de son existence. Il fit appeler ses fils, ses parents et les chefs de son armée, et en présence de tous il plaça sur la tête de son héritier, Chir-Aly-Khan, son turban noir, emblème du chef de la tribu Borikzéhi. En même temps il lui remit son sabre, sa cotte de mailles, son casque d'acier poli, son koran, puis il ordonna à tous les assistants de reconnaître Chir-Aly en qualité de souverain de tout l'Afghanistan, et de venir baiser à genoux, en signe de soumission, le pan de sa tunique. Ensuite, se dressant sur sa

couche par un suprême effort, il exigea de chacun des té-
moins de cette scène le serment d'obéissance envers son successeur, et menaça de sa malédiction et du courroux céleste
quiconque hésiterait à se soumettre. Ce fut le dernier acte
de souveraineté du vieux prince, qui se tourna presque aussitôt vers l'Orient, croisa les bras sur sa poitrine et rendit le
dernier soupir. L'émir venait d'accomplir sa 72e année. La
mort de Dost-Mohammed fut digne du plus énergique représentant de ces rivalités, de ces passions locales ou étrangères
dont Hérat avait été si longtemps la victime. Il s'ensevelit en
quelque sorte dans son triomphe, et mourut dans la citadelle
de Hérat, dernier rêve de son insatiable ambition. Avec cet
événement (2 juin 1863) commence une ère nouvelle dans
l'histoire de l'Afghanistan, et nous n'avons plus qu'à rechercher quelle doit être l'action de la politique européenne en
présence [des luttes qui semblent devoir se prolonger dans
l'Asie centrale.

Replacée dans son vrai milieu, rapprochée des agitations
incessantes des provinces afghanes, et surtout des menées de
l'Angleterre et de la Russie, l'affaire de Hérat, malgré ses
complications, se présente en ce moment avec assez de net-
teté. Ce malheureux pays, appelé par sa position naturelle à
une très grande prospérité matérielle, se trouve, par un concours de circonstances fatales, être un point mitoyen entre la
limite des possessions russes dans l'Asie centrale et la frontière septentrionale des provinces anglaises de l'Inde. Au
point de vue stratégique, dans le cas d'une entreprise russe
hostile aux Anglais ou d'une expédition britannique dirigée
contre les domaines de l'empire russe en Asie, Hérat est sans
contredit appelé à jouer encore un rôle très sérieux. Dans

l'un ou l'autre cas, Hérat est le seul point pouvant servir de base d'opérations stratégiques entre les deux pays. Il semble toutefois que la nature du terrain et le caractères des populations qui séparent les possessions des deux puissances sont des garanties suffisantes pour que leurs contestations mutuelles sur ce théâtre de leurs rivalités politiques restent toujours à l'état de fantôme. Nous avons exposé les considérations qui nous paraissent devoir à jamais retenir le gouvernement anglais dans les limites actuelles de ses possessions septentrionales de l'Inde. Quant à la Russie, sa marche vers le sud offre évidemment beaucoup d'attraits à une population qui se développe rapidemment, et qui ne peut que gagner en s'avançant des froides régions polaires vers des climats plus chauds et plus généreux. Cependant, si l'on examine tout le passé de cette partie du vieux monde asiatique, on est bien vite frappé de cette considération générale, que l'Inde, envahie par le nord, malgré la faible défense qu'on l'a vue opposer aux conquérants, n'a jamais pu léur être soumise bien longtemps. Seuls, les Mongols font exception à cette loi historique. Ce peuple nomade jeta le surplus de ses hordes sur la Perse, l'Asie centrale et le nord de l'Inde, et il se maintint d'autant plus longtemps à Lahore qu'il y trouva un appui solide dans la création de ces contre-forts innombrables formés par toutes les petites souverainetés établies entre sa patrie originaire et les points les plus avancés de sa conquête. D'un autre côté, il s'agissait là d'une rencontre entre une nationalité barbare mais énergique, et une population énervée par la fertilité du sol, par la douceur du climat, par toutes ces influences qui rendent les races du sud moins aptes que celles du nord à opposer une sérieuse résistance aux invasions étrangères,

Rien de semblable de nos jours : l'Inde est occupée par une des nations les plus puissantes du continent européen ; les Anglais déploient une activité considérable pour doter leurs riches possessions asiatiques de tous les avantages de la civilisation la plus avancée. Ils lancent des bateaux à vapeur sur les voies fluviales, ils couvrent le sol d'un réseau de chemins de fer, ils transmettent leurs ordres par des fils électriques depuis Calcutta jusqu'à Pichaour ; enfin ils disposent de tous les moyens puissants créés par le génie moderne, et qu'il est possible d'employer, en prévision d'une tentative audacieuse sur la vallée de l'Indus.

La Russie est loin d'avoir des ressources semblables dans ses possessions asiatiques. Elle n'a pour elle que la proximité de ses frontières avec celles de l'empire indo-britannique ; mais la contrée qui sépare les domaines des deux grandes puissances, tout en étant relativement assez étroite, présente une série de déserts très-difficiles à franchir avec une armée régulière, et surtout avec le matériel qui dans ces derniers temps est devenu indispensable pour la réussite d'une grande entreprise militaire. Ainsi il est bien évident que le danger qu'évoquent sans cesse les Anglais pour leurs frontières de l'Inde est une éventualité qui, n'étant pas absolument impossible, ne se réalisera vraisemblablement jamais. C'est donc uniquement par suite d'une fiction chère à quelques-uns de ses hommes publics que l'Angleterre condamne un vaste territoire à une stérilité désolante, et des populations qui pourraient facilement devenir nombreuses et productives à une existence précaire et malheureuse.

La politique européenne semble toutefois vouloir résolûment prolonger ce triste état de choses ; mais cette manière

d'agir est évidemment injuste et inutilement cruelle, et elle
le paraîtra encore davantage si l'on examine de près le semblant d'équité dont on veut l'entourer. On se tromperait
fort en croyant pouvoir en imposer aux Asiatiques par une
conduite astucieuse et à double face. Le machiavélisme est
né sur le sol oriental bien longtemps avant la venue de
l'homme qui lui a donné son nom, et les diplomates européens, si habiles qu'ils soient, ne pourront rien apprendre
aux populations qui l'ont pratiqué pendant des milliers d'années. Le moyen le plus sûr et le plus efficace pour les puissances chrétiennes qui voudraient constituer un état de
choses solide et durable en Asie est d'agir avec franchise
vis-à-vis des gouvernements de ces contrées. Il est donc re-
grettable qu'on ait organisé en 1856, sous l'égide de la
France, un ordre de choses qui, loin d'assurer l'équilibre
des puissances limitrophes fixées dans l'Asie centrale, est
basé évidemment sur un manque absolu de bonne foi, sur
une interprétation équivoque du *statu quo ante bellum*. Il
est évident que les Anglais soutiennent en ce moment dans
l'Asie centrale une politique qui ne repose sur aucune base
solide. Leur fidèle allié Dost-Mohammed-Khan est mort, et
parmi ses fils il n'y en a aucun qui soit capable de le remplacer d'une façon durable dans le gouvernement des pays
sur lesquels ils vont être appelés à gouverner. Des contestations sanglantes ont déjà éclaté entre les héritiers de l'émir,
et la malheureuse province de Hérat, même protégée par
l'influence anglaise, participera nécessairement aux désas-
tres amenés par ces guerres de succession. Le passé de
l'histoire de Hérat dans ce siècle nous fait voir que cette
province n'a jamais joui d'une aussi grande prospérité que

sous la souveraineté de Firouz-Eddin et de Yar-Mohammed ; mais ces deux gouverneurs étaient presque nominalement sous la suzeraineté de la Perse. Et en effet, par sa position géographique, la province de Hérat dépend de la Perse plutôt que de l'Afghanistan proprement dit, dont elle est séparée par de hautes et rudes montagnes. Il est donc constant que, si les puissances européennes voulaient exercer une influence véritablement bienfaisante sur l'avenir de cette région lointaine de l'Asie, elles devraient s'entendre pour créer à Hérat une principauté indépendante, mais placée sous le protectorat de la Perse plutôt que sous celui des Afghans, qui ni dans le passé, ni actuellement, n'offrent de garanties suffisantes pour faire régner dans ce pays l'ordre et la tranquillité.

FIN.

Paris. — Imprimerie de VALDER, 44, rue Bonaparte.

www.ingramcontent.com/pod-product-compliance
Lightning Source LLC
Chambersburg PA
CBHW051251030726

47595CB00003B/1199